Gestiona tu tiempo

Guía Práctica

Gestiona tu tiempo "Guía práctica"

ISBN: 9781087435510

Autor: Ignacio Aragoneses

Primera Edición: agosto de 2019

La vida es tiempo ¡Aprovéchalo!

Gestiona tu Tiempo

Tu Guía Práctica

Creada por Ignacio Aragoneses

Esta guía ha sido elaborada con la intención de servir de soporte a aquellos que intentan mejorar la gestión de su tiempo. El contenido y las herramientas que se indican en ella son de dominio público pudiendo encontrarse en internet, pero la metodología de aplicación pertenece a Ignacio Aragoneses por lo que no podrá revenderse o utilizarse como parte de seminarios a menos que sea con la autorización expresa del autor.

Se ha intentado realizar esta guía con el mayor rigor y siguiendo la experiencia y las teorías disponibles en el momento, pero eso no garantiza que la aplicación de esta guía tenga como resultado la perfecta gestión del tiempo ni que se ajuste a los estándares de cada persona. Las sugerencias y estrategias que se indican pueden no ser adecuadas para tu situación particular.

El autor ha creado esta guía con la mejor intención de acercar las estrategias de gestión de tiempo al lector por lo que el autor no se hace responsable de cualquier problema, perdida u omisión que pueda surgir de la aplicación de esta guía, ya sea esta económica o de otra índole.

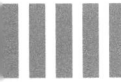

¡Prepárate para cambiar tu vida!

¡Allá vamos!

Qué tengo que hacer

Solamente debes **seguir los pasos** que se indican en cada uno de los días, pero sin obligarte a hacerlo perfecto, más bien a ser constante y terminar el libro para crear los hábitos que te ayuden a gestionar tu tiempo adecuadamente.

Quizás no tendrás espacio para listar todas las tareas que quieres hacer en el cuadrante de prioridades, y eso es bueno, te obligará a elegir. No todo es tan importante como parece. No te preocupes por el espacio, lo más importante es que elijas las que mejor se adapten por importancia y urgencia y que logres mantenerte firme con el propósito de completarlas en el día o en el tiempo que hayas elegido. El número de tareas es lo de menos, lo más importante es que vayas aprendiendo poco a poco a organizarte.

Es normal que falles, que te equivoques en la elección de las tareas, en los tiempos y hasta que pase un día en el que no hagas mucho. Todo ello es parte del proceso de aprendizaje y lo más importante de todo es que recapacites y vuelvas con más ganas al día siguiente. Todos luchamos por gestionar el tiempo del mismo modo que lo haces tú, todos fallamos, todos nos tenemos que volver a levantar.

La constancia y la paciencia son claves en este proceso, y diríamos que son más importantes que el conocimiento. Gestionar el tiempo es una tarea de todos los días, y sin este hábito nunca podremos llegar a tener control sobre él.

Al final de cada día escribe una **frase de reafirmación**. Escríbela en presente, afirmando como si ya lo hubieras hecho, algo que quieres llegar a controlar en el futuro, no importa que todavía no lo hayas conseguido (Ej. *"Soy capaz de mantenerme firme cuando alguien me intenta interrumpir en mitad de una tarea"*, *"No veo internet o el móvil durante los momentos de trabajo, soy firme con eso"* …)

Y ahora a por ello, comenzamos con un poco de teoría rápida.

Las teorías

CUADRANTE DE EISENHOWER

	+/-	+/+
IMPORTANTE	PLANIFICAR PARA OTRO DIA	HAZLO YA
	-/-	-/+
	ELIMINAR NO PERDER EL TIEMPO	DELEGAR A OTROS

URGENTE

Cuadrante de Eisenhower

Con este cuadrante se busca clasificar las tareas en Importantes y Urgentes, además de entender que tareas podemos descartar o delegar en otros. Iras practicando a diario y eso te ayudará a entender cómo hacerlo. Es una buena herramientas que se usa como base principal en esta guía.

Ley de Pareto

La ley de Pareto nos aporta algo realmente interesante ya que de ella entendemos que hay tareas son más importantes a la hora de conseguir mejores resultados. Solo con el 20% de nuestras acciones podemos obtener el 80% de nuestros resultados, cambiar el foco puede cambiar por completo tu vida, mejorar la eficiencia de tu tiempo.

LEY DE PARETO

80%
20% Esfuerzo
Resultados

El 20% de tu esfuerzo genera el 80% de los resultados.
Analiza los resultados de tus acciones

Otras herramientas

La organización de tu zona de trabajo, decir que NO, aplicar descansos, identificar las cosas que consumen nuestro tiempo, ser conscientes de lo que nos limita emocionalmente o revisar nuestro avance al final del día, son otras de las herramientas claves para la gestión de nuestro tiempo y que utilizaremos en la guía.

Analízate antes de comenzar

Aquí tienes que **ser sincero**, no vale que te pongas la mejor nota en todo si sabes que no es así, luego te vendrá la realidad de golpe. Los resultados serán para ti, para la observación de cómo vas progresando y mejorando con el tiempo.

Reconocer errores no es un paso sencillo para nadie, pero es el más importante de todos los pasos si quieres avanzar hacia la mejora.

Valora los siguientes hábitos ahora *(debajo del listado puedes ver como valorarte)*

1. Tengo el hábito de **crear objetivos y dividirlos** en sencillas tareas
2. **Planifico y priorizo** las tareas antes de realizarlas.
3. **Asigno tiempo** a cada tarea e intento respetarlo.
4. **Me centro** en terminar las tareas evitando distracciones
5. **Delego** tareas a otros para poder hacer lo más importante.
6. **Digo NO** como forma de evitar perder tiempo y energía.
7. Mantengo **ordenado** mi lugar de trabajo y hago **descansos**.
8. **No me dejo llevar** por las cosas según van llegando, tengo mis prioridades bien claras.
9. **Controlo las cosas** que me hacen perder el tiempo y las tengo identificadas.
10. **Controlo mis emociones**. Entiendo cuando debo serenarme y recapacitar para no caer en la trampa de perder mi tiempo pensando demasiado o solamente sin hacer nada.

Valórate del 1 al 10 según lo siguiente (1=Nunca, 2=Casi nunca, 3=Muy poco, 4=Poco, 5=A veces, 6=A menudo, 7= Muy a menudo, 8= Lo suficiente, 9= Con regularidad, 10= Siempre)

¡Comenzamos!

Semana 1 - Día 1 - Fecha ... / ... / 20...

"No tengo tiempo para tener prisa" – John Wesley

	+ − PLANIFICALO PARA OTRO MOMENTO	+ + HAZLO YA
IMPORTANTE	− − ELIMINAR NO PERDER TIEMPO	− + DELEGA EN OTROS

URGENTE

Haz un listado en una hoja aparte y clasifica las tareas en el cuadrante por Urgente e Importante.

¿Qué cosas crees que afectan a la buena gestión de tu tiempo? Escribe aquí algunas de ellas.

REVISIÓN DEL DIA *(Al final del día)*
Dos cosas que me han distraído...
Cómo las podría haber evitado...

¿Qué cosas he descubierto después de usar el cuadrante?

AFIRMACION DEL DIA *(Escríbelo como si ya hubiera ocurrido)*

Listado de tareas y notas

Semana 1 - Día 2 - Fecha ... / ... / 20...

"El tiempo de reflexión es una economía del tiempo" — Publio Siro

Haz un listado en una hoja aparte y clasifica las tareas en el cuadrante por Urgente e Importante.

¿Has descubierto más cosas que afectan la gestión de tu tiempo? Déjalas aquí escritas.

REVISIÓN DEL DIA
Dos cosas que me han distraído...
Cómo las podría haber evitado...

Identifica y describe una emoción que te haya robado tiempo...

AFIRMACION DEL DIA *(Escríbelo como si ya hubiera ocurrido)*

Listado de tareas y notas

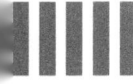

Semana 1 - Día 3 - Fecha ... / ... / 20...

"No deje que el ayer consuma demasiado tiempo de hoy"

Haz un listado en una hoja aparte y clasifica las tareas en el cuadrante por Urgente e Importante.

¿Qué vas a hacer para evitar alguna distracción hoy? Déjalo aquí escrito.

REVISIÓN DEL DIA
Dos cosas que me han distraído...
Cómo las podría haber evitado...

Describe como te has organizado y si has tenido descansos. Si no los has tenido piensa en cómo lo vas a hacer a partir de ahora.

AFIRMACION DEL DÍA *(Escríbelo como si ya hubiera ocurrido)*

Listado de tareas y notas

Semana 1 - Día 4 - Fecha ... / ... / 20...

"Aprende a utilizar tu mente planificando y estando en el momento"

PLANIFICALO PARA OTRO MOMENTO	HAZLO YA
ELIMINAR NO PERDER TIEMPO	DELEGA EN OTROS

IMPORTANTE / URGENTE

Haz un listado en una hoja aparte y clasifica las tareas en el cuadrante por Urgente e Importante.

¿Decide una manera de planificar algunos descansos para hoy? Déjalo aquí escrito.

REVISIÓN DEL DIA
Dos cosas que me han distraído...
Cómo las podría haber evitado...

Describe de nuevo una emoción, pensamiento que te haya robado tiempo...

AFIRMACION DEL DIA *(Escríbelo como si ya hubiera ocurrido)*

Listado de tareas y notas

Semana 1 - Día 5 - Fecha ... / ... / 20...

"El tiempo no es oro, el tiempo es vida" – José Luis San Pedro

Haz un listado en una hoja aparte y clasifica las tareas en el cuadrante por Urgente e Importante.

¿Está tu zona de trabajo ordenada? Dedica hoy unos minutos a ordenar un poco y recuerda hacer descansos.

REVISIÓN DEL DIA
Dos cosas que me han distraído...
¿Qué crees que te detiene para evitarlas?

¿Has ordenado algo hoy? Describe como te sientes después de ver las cosas un poco más ordenadas.

AFIRMACION DEL DIA *(Escríbelo como si ya hubiera ocurrido)*

Listado de tareas y notas

Semana 1 - Día 6 - Fecha ... / ... / 20...

"Debo de gobernar al reloj y no ser gobernado por él" – Golda Meir

Haz un listado en una hoja aparte y clasifica las tareas en el cuadrante por Urgente e Importante.

Organiza otro poco hoy y sigue planificando descansos.
¿Has probado el estilo Pommodoro? 5 minutos de descanso cada 25 minutos de trabajo intenso.

REVISIÓN DEL DIA
Dos cosas que me han distraído...
Cómo las podría haber evitado...

Si has probado el estilo Pommodoro comenta tus sensaciones, si no lo has hecho piensa como puede mejorar tus descansos y escríbelo aquí.

AFIRMACION DEL DIA *(Escríbelo como si ya hubiera ocurrido)*

Listado de tareas y notas

Revisión de la 1ª Semana

Valórate de nuevo igual que lo hiciste al comienzo de esta guía.

1. Tengo el hábito de **crear objetivos y dividirlo** en sencillas tareas
2. **Planifico y priorizo** las tareas antes de realizarlas, a diario.
3. **Asigno tiempo** a cada tarea (Si no lo haces no importa, lo verás más adelante en la guía)
4. **Me centro** en terminar las tareas evitando distracciones
5. **Delego** tareas a otros para poder hacer lo más importante.
6. **Digo NO** como forma de evitar perder tiempo y energía.
7. Mantengo **ordenado** mi lugar de trabajo y hago **descansos**.
8. **No me dejo llevar** por las cosas según van llegando, tengo mis prioridades bien claras.
9. **Controlo las cosas** que me hacen perder el tiempo y las tengo identificadas.
10. **Controlo mis emociones**. Entiendo cuando debo serenarme y recapacitar para no caer en la trampa de perder mi tiempo.

Valoración (1=Nunca, 2=Casi nunca, 3=Muy poco, 4=Poco, 5=A veces, 6=A menudo, 7= Muy a menudo, 8= Lo suficiente, 9= Con regularidad, 10= Siempre)

¿Qué distracciones has identificado durante la primera semana?

¿Qué cosas han mejorado desde que empezaste?

Piensa en alguna tarea y en cómo te ha ayudado la guía hasta ahora. Escríbelo ahora.

Has superado la 1ª Semana. Es el momento de relajarse un poco: Un café con un amigo/a, una cena, ir al cine... **La recompensa por el trabajo bien hecho** es tan importante como el mismo trabajo.

Notas primera semana

Semana 2 - Día 1 - Fecha ... / ... / 20...

"Un hombre que se permite malgastar un hora de su tiempo no ha descubierto el verdadero valor de su vida" – Charles Darwin

	+ −	+ +
IMPORTANTE	PLANIFÍCALO PARA OTRO MOMENTO	HAZLO YA
	− −	− +
	ELIMINAR NO PERDER TIEMPO	DELEGA EN OTROS
−	URGENTE	+

A partir de ahora **ASIGNA UN TIEMPO** A cada tarea para completarla (No importa que te equivoques).

¿Has descubierto más cosas que afectan la gestión de tu tiempo? Déjalas aquí escritas.

No olvides mantener el orden y hacer descansos...

REVISIÓN DEL DIA
Algo que me ha distraído...
¿Por qué no lo he evitado? ...
¿He mantenido el orden?
¿Qué ha pasado al poner tiempo a las tareas? Descríbelo...

AFIRMACION DEL DIA *(Escríbelo como si ya hubiera ocurrido)*

Listado de tareas y notas

Semana 2 - Día 2 - Fecha ... / ... / 20...

"El tiempo es a la vez el más valioso y el más perecedero de nuestros recursos" — John Randolph

Sigue haciendo el listado, rellenando el cuadrante e indicando tiempos por tarea.

¿Has encontrado tareas que son muy complejas y te hacen perder mucho tiempo? ¿Puedes dividirlas en partes más pequeñas? Si puedes divídelas ahora y completa de nuevo el listado asignando de nuevo los tiempos.

No olvides mantener el orden y hacer descansos...
REVISIÓN DEL DIA
Algo que me ha distraído...
Por qué no tomo medidas para que no ocurra...
¿He mantenido el orden?   ¿He respetado los descansos?
Describe de nuevo que ha cambiado al asignar tiempos a las tareas...

AFIRMACION DEL DIA *(Escríbelo como si ya hubiera ocurrido)*

Listado de tareas y notas

Divide las tareas en partes más sencillas de realizar.

Semana 2 - Día 3 - Fecha ... / ... / 20...

"Malgasté el tiempo, ahora el tiempo me malgasta a mí" — William Shakespeare

Sigue haciendo el listado, rellenando el cuadrante e indicando tiempos por tarea.

Vuelve a hacer el ejercicio de ayer descomponiendo las tareas en partes más sencillas y asignando tiempo.

No olvides mantener el orden y hacer descansos...
REVISIÓN DEL DIA
Algo que me ha distraído...
Por qué no tomo medidas para que no ocurra...
¿He mantenido el orden?   ¿He respetado los descansos?
¿Ha cambiado algo al volver a descomponer las tareas en partes más sencillas? Descríbelo

AFIRMACION DEL DIA *(Escríbelo como si ya hubiera ocurrido)*

Listado de tareas y notas

Divide las tareas en partes más sencillas de realizar.

Semana 2 - Día 4 - Fecha ... / ... / 20...

"Lo mejor del futuro es que viene un día a la vez"— Abraham Lincoln

Sigue haciendo el listado, rellenando el cuadrante e indicando tiempos por tarea.

¿Hay alguien que te distrae más de lo que consideras normal y no te deja aprovechar tu tiempo? Habla hoy con esa persona y pídele que entienda que debes completar muchas cosas y que intente no distraerte demasiado. Escribe aquí que le vas a decir...

No olvides mantener el orden y hacer descansos...
REVISIÓN DEL DIA
Algo que te sigue distrayendo...
Por qué no tomo medidas para evitarlo...
¿He mantenido el orden?   ¿He respetado los descansos?
Describe como te has sentido al hablar con esa persona que te hacía perder el tiempo. (Si no lo has hecho hazlo y vuelve a esta página para anotarlo)

AFIRMACION DEL DIA *(Escríbelo como si ya hubiera ocurrido)*

Listado de tareas y notas

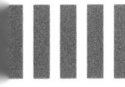

Semana 2 - Día 5 - Fecha ... / ... / 20...

"Las tres cosas más difíciles de este mundo son: guardar un secreto, perdonar un agravio y aprovechar el tiempo" — Benjamín Franklin

Sigue haciendo el listado, rellenando el cuadrante e indicando tiempos por tarea.

¿Sigues poniendo el tiempo a las tareas? Intenta hacer algo en menos tiempo todavía.
Ánimo no lo dejes. Ya queda poco para terminar la segunda semana.

No olvides mantener el orden y hacer descansos...

REVISIÓN DEL DIA
¿Cómo llevo la asignación de tiempos? ¿Qué problemas encuentro y qué soluciones hay que aportar? Apunta aquí los problemas y sus soluciones.

Describe lo que te dirías a ti mismo si fueras otra persona y siguieras cayendo en los mismos errores y distracciones. Se sincero/a, es momento de hablar alto y claro.

AFIRMACION DEL DIA *(Escríbelo como si ya hubiera ocurrido)*

Listado de tareas y notas

Semana 2 - Día 6 - Fecha ... / ... / 20...

"No tengo tiempo para tener prisa" – John Wesley

Sigue haciendo el listado, rellenando el cuadrante e indicando tiempos por tarea.

Hoy es un buen día para decir NO a personas y cosas que todavía te quitan mucho tiempo.
Seguro que puedes acabar tareas en mucho menos tiempo ☑

No olvides mantener el orden y hacer descansos...

REVISIÓN DEL DIA
¿Hay algo que consideres que sigue atascándote? Descríbelo y una posible solución.

¿Has dicho NO a algo/alguien? Descríbelo.

AFIRMACION DEL DIA *(Escríbelo como si ya hubiera ocurrido)*

Listado de tareas y notas

Revisión de la 2ª Semana

Vamos a ver cómo vamos con todo este lío de la gestión del tiempo.

1. Tengo el hábito de **crear objetivos y dividirlo** en sencillas tareas
2. **Planifico y priorizo** las tareas antes de realizarlas, a diario.
3. **Asigno tiempo** a cada tarea
4. **Me centro** en terminar las tareas evitando distracciones
5. **Delego** tareas a otros para poder hacer lo más importante.
6. **Digo NO** como forma de evitar perder tiempo y energía.
7. Mantengo **ordenado** mi lugar de trabajo y hago **descansos**.
8. **No me dejo llevar** por las cosas según van llegando, tengo mis prioridades bien claras.
9. **Controlo las cosas** que me hacen perder el tiempo y las tengo identificadas.
10. **Controlo mis emociones**. Entiendo cuando debo serenarme y recapacitar para no caer en la trampa de perder mi tiempo.

Valoración (1=Nunca, 2=Casi nunca, 3=Muy poco, 4=Poco, 5=A veces, 6=A menudo, 7= Muy a menudo, 8= Lo suficiente, 9= Con regularidad, 10= Siempre)

¿Qué distracciones sigue habiendo?

¿Qué ha cambiado esta semana con la asignación de tiempos a las tareas?

Nombra algunas tareas que hayas completado durante la semana y que sientas que han sido claves para poder avanzar en tu trabajo (Recuerda que el 20% de las tareas te aportará el 80% de los resultados)

¡Has superado la 2ª Semana! Tienes que **estar orgulloso de tu progreso y de la constancia que estas demostrando**. Piensa cómo vas a celebrarlo, hazlo para reafirmar tu compromiso con este proyecto.

Notas Segunda Semana

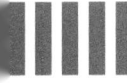

Semana 3 - Día 1 - Fecha ... / ... / 20...

"No se trata de tener tiempo suficiente, sino de hacer el tiempo suficiente" — Rachael Bermingham

Sigue haciendo el listado, rellenando el cuadrante e indicando tiempos por tarea.

¿Qué tareas anotaste en la revisión de la semana anterior como claves para el avance de tu trabajo? Anótalas de nuevo e intenta identificar otras que tengan un impacto real durante el día de hoy.

No olvides mantener el orden y hacer descansos...

REVISIÓN DEL DIA
¿Cómo va el control de las distracciones? Hay alguna que todavía se resiste. Escríbelo aquí.

Escribe ahora lo que le dirías a esas distracciones, como si fueran una persona...

AFIRMACION DEL DIA *(Escríbelo como si ya hubiera ocurrido)*

Listado de tareas y notas

Semana 3 - Día 2 - Fecha ... / ... / 20...

"Saca más tiempo a tu tiempo, no existe otra manera"

Sigue haciendo el listado, rellenando el cuadrante e indicando tiempos por tarea.

Escribe tres cosas que te comprometes a terminar hoy y haz que sucedan cueste lo que cueste.

No olvides mantener el orden y hacer descansos...

REVISIÓN DEL DIA
¿Has conseguido completar las tareas? Descríbelo como te sientes. Hayas terminado o no.

AFIRMACION DEL DIA *(Escríbelo como si ya hubiera ocurrido)*

Listado de tareas y notas

Semana 3 - Día 3 - Fecha ... / ... / 20...

"Haz las cosas que aporten más valor, no estamos para ir gastando tiempo"

	- -	**+ +**
IMPORTANTE	PLANIFÍCALO PARA OTRO MOMENTO	HAZLO YA
	- -	**- +**
	ELIMINAR NO PERDER TIEMPO	DELEGA EN OTROS

URGENTE

Sigue haciendo el listado, rellenando el cuadrante e indicando tiempos por tarea.

Vuelve a comprometerte con dos/tres cosas que vas a terminar hoy.
Haz que suceda, ánimo.

No olvides mantener el orden y hacer descansos...

REVISIÓN DEL DIA
¿Hay algo que todavía sigue creando distracción? Escríbelo aquí

Vuelve a describir cómo te sientes al terminar aquello que habías decidido terminar

AFIRMACION DEL DIA *(Escríbelo como si ya hubiera ocurrido)*

Listado de tareas y notas

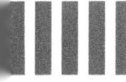

Semana 3 - Día 4 - Fecha ... / ... / 20...

"Todas mis posesiones por un instante más de tiempo" – Isabel I
(antes de morir)

	PLANIFICALO PARA OTRO MOMENTO	HAZLO YA
IMPORTANTE	ELIMINAR NO PERDER TIEMPO	DELEGA EN OTROS

URGENTE

Sigue haciendo el listado, rellenando el cuadrante e indicando tiempos por tarea.

Si no has delegado comienza a hacerlo. Pasa alguna tarea a alguien, pero intenta darle detalles sobre lo que tiene que hacer, del mismo modo que has aprendido en las últimas semanas: tarea específica a realizar, tiempo de finalización, prioridades si son varias, etc...

No olvides mantener el orden y hacer descansos...
REVISIÓN DEL DIA
¿Has descubierto algo interesante al delegar? Descríbelo ahora.

AFIRMACION DEL DIA *(Escríbelo como si ya hubiera ocurrido)*

Listado de tareas y notas

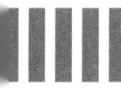

Semana 3 - Día 5 - Fecha ... / ... / 20...

"Tiempo es la medida de movimiento entre dos instantes" – Aristóteles

Sigue haciendo el listado, rellenando el cuadrante e indicando tiempos por tarea.

Vuelve a intentarlo, delega, ofrece responsabilidades a otros. En tus hijos, en tus empleados...

No olvides mantener el orden y hacer descansos...

REVISIÓN DEL DIA
¿Es la gente receptiva para hacer cosas por ti o no? Describe las sensaciones que has tenido al delegar.

AFIRMACION DEL DIA *(Escríbelo como si ya hubiera ocurrido)*

Listado de tareas y notas

Semana 3 - Día 6 - Fecha ... / ... / 20...

"Hacer muchas cosas a la vez es no hacer ninguna"

Sigue haciendo el listado, rellenando el cuadrante e indicando tiempos por tarea.

Es tu último día de práctica, y como recordatorio de todo lo que has estado haciendo la frase con la que se inicia esta página es fundamental. Concéntrate en lo que hagas hasta completarlo, sigue diciendo NO a aquello que te interrumpe, divide las tareas en partes más sencillas, haz las tareas con determinación y firmeza...

No olvides mantener el orden y hacer descansos...

REVISIÓN DEL DIA
¿Hay algo que todavía crees que debes mejorar? Descríbelo y también una posible solución.

AFIRMACION DEL DIA *(Escríbelo como si ya hubiera ocurrido)*

Listado de tareas y notas

Revisión de la 3ª Semana

Valórate por última vez y revisa los anteriores resultados.

1. Tengo el hábito de **crear objetivos y dividirlo** en sencillas tareas
2. **Planifico y priorizo** las tareas antes de realizarlas, a diario.
3. **Asigno tiempo** a cada tarea
4. **Me centro** en terminar las tareas evitando distracciones
5. **Delego** tareas a otros para poder hacer lo más importante.
6. **Digo NO** como forma de evitar perder tiempo y energía.
7. Mantengo **ordenado** mi lugar de trabajo y hago **descansos**.
8. **No me dejo llevar** por las cosas según van llegando, tengo mis prioridades bien claras.
9. **Controlo las cosas** que me hacen perder el tiempo y las tengo identificadas.
10. **Controlo mis emociones**. Entiendo cuando debo serenarme y recapacitar para no caer en la trampa de perder mi tiempo.

Valoración (1=Nunca, 2=Casi nunca, 3=Muy poco, 4=Poco, 5=A veces, 6=A menudo, 7= Muy a menudo, 8= Lo suficiente, 9= Con regularidad, 10= Siempre)

Ya casi has terminado, todavía te queda un paso más, **pasa a la siguiente página**...

Revisa como has ido mejorando en las últimas semanas y comprueba como te has evaluado desde el inicio hasta ahora.

1. **Crear objetivos** y **dividirlo** en sencillas tareas
2. **Planifico y priorizo** las tareas
3. **Asigno tiempo** a cada tarea
4. **Me centro en terminar** las tareas
5. **Delego** tareas a otros
6. **Digo NO** como forma de evitar perder tiempo y energía.
7. Mantengo **el orden**, hago **descansos**
8. No me dejo llevar, tengo mis **prioridades bien claras**.
9. **Controlo** las **cosas** que me hacen perder el tiempo
10. **Controlo** mis **emociones.**

Identifica las tareas más importantes, las que han dado mejor resultado durante las tres últimas semanas y usa la ley de Pareto a partir de ahora.

El 20% de tu esfuerzo genera el 80%
de los resultados.
Analiza los resultados de tus acciones

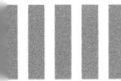

Notas tercera semana

Conclusiones

¿Qué cosas están pendientes de mejora?

¿Dónde están mis puntos débiles?

¿Qué cosas he descubierto y no sabía antes de comenzar esta guía?

¿Qué cosas he mejorado?

¿Cuáles son mis fortalezas en la gestión del tiempo?

¿Cómo voy a celebrar que he completado este importante proceso?

¡Enhorabuena has conseguido completar la guía!

No hay mucha gente que llegue hasta la meta y tú lo has conseguido, celébralo y sigue avanzando. Sigue luchando sigue aprendiendo... no lo dejes al cerrar esta guía.

Notas

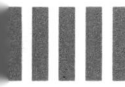

Notas

Notas

www.ingramcontent.com/pod-product-compliance
Lightning Source LLC
Chambersburg PA
CBHW030733180526
45157CB00008BA/3148